꽃의 비명

이오우 시집

꽃의 비명
2024년 8월 30일 1판 1쇄 발행

지은이 · 이오우
펴낸이 · 유정숙
펴낸곳 · 도서출판 등
기 획 · 유인숙
관 리 · 류권호
편 집 · 김은미, 이성덕

ⓒ 이오우 2024

주 소 · 서울시 노원구 덕릉로 127길 10-18
전 화 · 02.3391.7733
이메일 · socs25@hanmail.net
홈페이지 · dngbooks.co.kr

정 가 · 12,000원

- 이 책은 저작권법에 따라 보호받는 저작물이므로 무단 전재와 무단 복제를 금합니다.
- 이 책의 전부 또는 일부를 이용하려면 저자와 도서출판 〈등〉에 동의를 받아야 합니다.
- 이 도서는 2024년 충청남도, 충남문화관광재단의 후원으로 간행되었습니다.

꽃의 비명

이오우 시집

시인의 말

꽃을 찍으려 하지 않았다
꽃을 찾으려 하지 않았다
그러나 자꾸 꽃이 찍히고 눈에 밟혔다

꽃은 기다림의 순간에 피었고 연인의 잠처럼 고요했다
가슴에 새겨지는 꽃 한 송이 있어 세상은 꿈꾼다
꽃이 피지 않는 날, 우리의 우주도 문을 닫을 것이다

벌과 나비 날지 않는 날이 오래되었다
오늘도 하루가 꽃처럼 피었다 진다
울음 자리가 많다

2024년 8월 이오우

차례

제1부

행복의 조건　　　　　　　　12
꽃게　　　　　　　　　　　14
오후가 커피를 마신다　　　　15
유년의 지도　　　　　　　　16
진다　　　　　　　　　　　17
첫눈이　　　　　　　　　　18
천년의 꽃　　　　　　　　　20
봄 엽서　　　　　　　　　　21
새가 된 물고기　　　　　　　22
눈발　　　　　　　　　　　24
까치집　　　　　　　　　　26
오늘　　　　　　　　　　　27
인간아　　　　　　　　　　28
금싸대기 대화　　　　　　　29
겨울 蓮歌(연가)　　　　　　30
봄 마중　　　　　　　　　　31

제2부

뉴턴을 생각하며 나눈 대화　　34
꽃의 비명　　　　　　　　　36

삽목의 이유	37
생의 순간에서	38
보이지 않는 손	40
모닝 커피	42
서천갯벌	43
멧비둘기	44
안절부절	45
파시즘	46
푸른 이빨	47
겨울 앞에서	48
고양이 헛바닥	49
단풍 들자	50
옥수수	51
널 부른다	52

제3부

겨울 나그네	56
홀러덩	57
원고지 소작농	58
까마귀	60
마지막 멘트	62
구름꽃	63
지정학적 나이, 어르신	64
꽃멀미	66

우주먼지	67
코스모스 피는 봄날	68
눈 내린 날 아침	70
대리운전	72
아카시꽃	74
때론	76
엘리스 죽이기	78
치유	79

제4부

아랫목	82
여행	83
낮달	84
종의 기원	85
해를 안으며	86
멀찌감치	88
소요하다	90
4인칭 시점	91
연리지	92
개미	94
타인의 취향	96
전하다	98
거장의 귀	99
하지夏至	100

일요일 아침	101
이별 그늘	102

제5부

목마름의 기억	106
일요일 오후	107
첫 비행	108
햇살 무덤	110
완벽한 시간	111
시인의 잠	112
반영	114
실마리	116
방황의 진화	118
움	120
거처	121
든든	122
하얀 나비	124
궁금	126
알밤	128
이건 뭐지	130
해설 / 백애송 (시인)	132

1

행복의 조건

웃음꽃을 피우며 나무와 대화하자
바람을 껴안고 푸른 하늘을 만지자
그대 앞의 모든 존재를 사랑하자
그리고 흙에서 와서 흙으로 돌아감을 알자

햇살의 마음으로
봄에는 봄을 여름에는 여름을
가을에는 가을을 겨울에는 겨울을 즐기자
음양을 고르게 다스리자

프로크루스테스의 침대에서 벗어나
그대 생일에 시집 한 권을 사자
아름다움의 산사태를 겪어보자
상처를 어루만지며 아픔과 대면하자

풋풋한 생활의 열매를 알아차리자
난 어제도 꿈을 꾸었다 꿈속의 꿈을
난 오늘도 꿈을 꾸리라 꿈 아닌 꿈을
난 내일도 꿈을 꿀 수 있을까 꿈 같은 꿈을

난 꾸리라 삶이란 도원의 꿈
모두가 내가 꾸미는 꿈임을 알리라
빗살무늬토기와 민무늬토기의 숨결과
막사발의 꿈을 꾸리라

꽃게

어머니
게장 담그셨네

꽃게 아드득
짭짤한 게장에
밥 한 공기 뚝딱
먹어 치웠네

어버이날
난, 꽃게처럼
딱 그 모양으로
세상에서 가장 짜고
딱딱한 삶을 씹었네

쪽쪽 쭉쭉 빨아먹고
냅다 뱉어버린 것들
개밥 그릇에 담겼네

나는 어머니를
맛나게 먹어 치웠네

오후가 커피를 마신다

가뭄에 단비다
따끈한 입김이 쏟아진다
낙수의 종소리 요란하다
서걱거리던 모퉁이
씻어 내린다

마른 입술에 커피 향처럼
비가 머리를 흔들며 피어오른다
비의 빛깔로
푸른 혀들이 펄럭인다

깔때기를 통과한 오후가
까마득히 여행을 떠난다

오후가 커피를 마신다
검고 깊은 꽃향기다

유년의 지도

나 어릴 적
맨발이 좋았다

흙 마당에 그린
오징어와 사금파리의 우주
한 뼘 한 뼘 맨손으로 건설한 은하가
다 내 것이었다
그곳에 별이 뜨고 달이 떠올랐다
찔레꽃 앵두꽃 피고
봉선화 꽃물에 해바라기가 컸다
밤톨이 굵어가고 대추가 붉었다
고추잠자리 날아오르고
뒷산 잔솔밭에 땅거미 내리면
머리 풀어 헤치던 굴뚝들
이슬 덮고 자던 마을
동리 샘물 두레박 같은
추억이 숨겨진 땅

맨발의 지문이 새겨진
유년의 지도다

진다

구름이 지나가는
가을 하늘 아래
푸르게 반짝이던 잎들이
바람의 손길에 몸을 맡긴다

떠나보내는 자리마다 꼭 다문 입술이다
때가 되었음에, 가는 곳을 묻지 않는다

생명을 펌프질하며
태양을 녹이던 푸른 환호성
한 점 구름처럼 떠간다

가뭇없은 마음마다 꽃물이 들었다
머물던 자리마다 이슬 같은 푸른 함성
또렷한 하늘 아래 진다

해가 지듯 잎이 진다
다시 떠오를 해를 기약하며
석양처럼 진다

첫눈이

첫눈이 내리던 날
첫눈이 내 품에 안겼다
꼬리를 흔들며 내려앉았다
너는 이제부터 첫눈이야
나에게 너는 늘 첫눈이야

나는 첫눈을 키우기 시작했다
첫눈은 봄처럼 무럭무럭 자랐다
여름에는 무척 힘들어했지만
가을이 되니 씩씩해졌다
다시 겨울이 찾아오고
첫눈은 더 많이 자랐다
조마조마할 때도 있지만
나는 첫눈이 있어 행복하다

나는 첫눈을 키운다
첫눈처럼 너를 키운다
금방이라도 녹아내릴 것 같은 너를 부른다
첫눈아

여리고 약해 더욱 애잔한 너
나풀거리는 귀밑머리와 까만 눈동자를 가진 너
콧잔등이 환하고 기쁨의 혀를 가진 너
나의 발자국과 작은 음성까지 알아차리는
너를 만나러 간다

첫눈은 그렇게 내게 왔다
허망한 기쁨으로 너를 부를 때
너는 찬란한 희망으로 달려온다
꽃처럼 너를 안아 올린다

천년의 꽃

돌탑까지 가려면
고불고불 산길을 따라
물길을 거슬러 올라야 했다
해탈문을 지나고
사천왕문을 거쳐
금강교를 건너야 했다

대광보전 앞마당
절에서 가장 오래된 돌 한 채
천년을 한 바퀴 돌았다

층층이 올라앉은 모습
하늘로 오르는 계단이었다
두 손 모아 올려다 보니
천년의 꽃으로 피어있었다

적막한 가슴 한가운데
이런 돌탑 하나
세워 두고 싶었다

봄 엽서

슬픔도
향기롭게
돋아나는 오후

제비꽃이
아직 개봉하지 않은 봄을
배달하고 있었다

아랫말에서 윗말로
윗말에서 아랫말로
돌담을 끼고 작은 키로
보랏빛 엽서를 흔들고 있었다

새가 된 물고기

물고기가 새가 되어 날아오르는 날이 있었다

물속을 날아다니던 물고기가
어느 날 뭍으로 나와 공기를 만났다
신선한 바람이 몸통을 쓰다듬고 지나갔다
물고기는 바람으로 아가미를 단련시키기 시작했다
바람 속을 날 수 있을 것만 같았다
힘차게 가슴지느러미를 흔들며
바람을 점점 더 깊이 들어 마시기 시작했다
뜨거운 햇살과 차가운 눈을 견딜 방법도 연구했다
뭍에서 보내는 날이 점점 많아졌다
몸을 세우고 바위에 앉아 노래 부르는 시간이
점점 길어졌다
꽃잎이 흩날리는 어느 봄날이었을 것이다

강물을 거슬러 오르는 연어는 어쩌면
하늘까지 오르고 싶은 물고기가 아니었을까
용이 되고 싶은 물고기가 있었다고 하고 어쩌면
진짜 용이 된 물고기가 있다는 전설도 있다

하늘을 날고 싶은 물고기는
새가 되어 날아올랐다고 한다

바람의 노래를 타고

눈발

어수룩한 새벽
눈인지 비인지 모를 것들이
성큼성큼 내리고 있었다

가로등 불빛에 어른거리며 내리는 것들
눈이 되지 못한 빗방울과 분명 눈인
눈이어야 하는, 하얀 눈물이
우드득 우드득 떨어지고 있었다

차갑게 빛나는 새벽의 눈발이
봄이 곧 당도할 것이라는 풍문에
주먹질하며 짐짓 성급함에 내몰린
나의 발길을 잡는다
헛헛한 눈으로 땅을 밟자마자 사라지는
눈발을 본다

우드득 우드득
차갑게 뿌리는 새벽의 눈발 아래
알몸으로 혼돈의 시간을 즐기듯
뿌리를 적시는 존재들이 보였다

느티나무와 영산홍마저 고른 숨을 내쉬며
눈발을 녹여내고 있었다
꿀꺽꿀꺽 눈발을 삼키는
목련의 목덜미에도 피가 돌고 있었다

대지의 맥박이 아침 해를 끌어올리고 있었다

까치집

한 채가 부럽네요
저렇게 우아한 독채
하나 갖고 싶네요
대대로 물려받았을
상속세 재산세 양도소득세 가스요금 관리비 전기요금 층간소음 엘리베이터 필요 없는
주차 걱정 이중주차 없는 쓰레기 분리수거 종량제 봉투 따윈, 텔레비전 냉장고 에어컨 청소기 가습기 제습기 가스레인지 전자레인지 옷장 침대 소파 책상 식탁 그릇들, 전기밥솥 하나 없어도 한세상 실컷, 맘껏 누리다 가는 집, 오손도손 꽃밭 같은 가족 꾸리고 한 동네 이웃하며 살아가는 집 한 채,
갖고 싶네요

오늘

언제 다시 올지 모르는 날
그러나 다시 오지 않을 날
그런 날, 꼭 잡아요

날 잡아요
오늘을 잡아요
오늘과 살아요

사랑하기에도 짧은 날
꽃보다 짧은 인연
다시 오지 않을 날

인간아

그냥 날까, 막 살까?
그냥 사세요
어느 인터넷 쇼핑 사이트 광고가
번쩍번쩍 쳐들어오네요

그냥 살까, 막 살까?
호락호락 넘어갈 것 같은
그냥 살다 막 사는 오락가락 어중간
확인되지 않는 어느 지점에서 그냥 그렇게

목표는 목포쯤 잡고
재주는 제주쯤 두고
때때로 불어오는 바람에
실컷 욕지거리도 해주며

마늘밭에서 숨 고르기 한 번 하고
양파껍질 같은 아침을 벗겨가며
어디론가 길을 떠나는
매운 꽃길은 걷는 인간아

금싸대기 대화

문자를 보내다
2024년을 2824년으로 잘못 보냈다

실수로 먼 미래로 보내버린 문자
전파의 힘으로 제 곳을 찾았지만

차라리 20024년으로 보냈으면
시간의 무대를 가로질러 글쎄

그 먼 미래로 직행할 수 있을까
과연 가닿을 수 있을까

내 마음의 꽃봉오리가
20024년 그때쯤 과연

꽃으로 전달될 수 있을까

무슨 의밀까? 이건, 또
너와 나는
그때쯤 어디에 있을까

겨울 蓮歌(연가)

겨울 연못에 떠 있는
연꽃 줄기의 행위예술을 본다
기하학적 침묵을 주제로 삼았다
신의 붓끝으로 그려낸 수묵화 한 점

위와 아래가 나뉘고
겉과 속이 만나는 지점에서
생과 사가 굴절되었다
무심한 세상, 미련 따윈 없다

연잎과 연꽃과 연실의 무대도 끝났다
공연을 마친 배우는 어둑서니가 되었다
자신의 그림자를 거느리고 싶은
영혼의 뼈대처럼

연꽃 줄기의 폐곡선으로 디졸브되는 연못
수면에 포박된 발레리나의 엔딩 컷
꺾이고 숙이고 구부리고 돌아가
침묵에 잠든 우주다

봄 마중

폭신하고 부드러운 봄 햇살에
몽글몽글 꽃망울들 큰일이네
선전포고 못 참겠다 쏘아 올린
꿈의 대포 뻥뻥 터질 봄의 잔해

노란 피멍 하얀 기적 연분홍빛
눈시울들 술 취한 듯 눈이 먼 듯
그대 봄이 황홀하다 펄럭이는
가슴까지 찢어버려 만신창이

붉은 입술 깨물고 올 그대
까만 심장 꺼내 들고 기다리다
속절없이 별빛 아래 서성이네
진달래 꽃길 지나 안산 마루까지

무너미고개 너머 인삼밭까지
당고개 너머 도라지밭까지
아니 아니, 꽃신 신고 떠난
할머니 무덤 앞까지 와 있을까나

뉴턴을 생각하며 나눈 대화

저녁나절 바람이 잤다
구름이 몰려왔다 몰려갔다
하나둘 불을 밝히는 별들의 고향
– *너의 배꼽을 내려다보며*
  나의 운명을 보았지

광년이라는 시간 앞에 서서
어두워져 가는 하늘을 바라보며
달을 한 입 베어 문다
– *나의 운명이*
  너의 운명과 겹칠 때

나무들이 가로등 아래 엽서를 쓰는 소리가 들린다
사랑하는 이에게 보내는 연서가 가을을 덮을 것이다
– *서로의 운명에 입맞춤할 때*

달까지 걸어가 본다
지구와 달이 서로를 잡아당기고 있는
그 강한 힘이 놓은 다리
그 출렁다리를 건너가 본다

- 우리의 눈앞에
  수많은 별이 떠오르고
  섬광으로 빛났지

저 별이 아무리 멀어도 마침내 도달하는 빛
그 너머에 있는 너의 행성으로 가을 편지를 띄운다
- 서러운 은하수
  깊은 강물이
  너와 나 사이에 흘렀지

뉴턴도 찾아내지 못한 곳에 너의 주소가 있다
어둠의 뒷면, 우리가 만날 곳 있다
- 새 두 마리 날아올랐지, 사랑의 연금술 같은

꽃의 비명

한 송이
함성으로 왔다
한 떨기
비명으로 가는
꽃은 시들어 詩 들어
마침내, 씨 들다

구름 따라 피는
한 송이 꽃처럼
가슴에 꽂히는
한 떨기 눈물 같은 시를
뜨거운 울음을

그대 가슴에
새기고 싶다

삽목*의 이유

  너의 수족을 분질러, 그대의 손가락과 발가락을 잘라, 총총 심어봐, 자주 들여다보고 물도 주며, 가끔 소나기도 지나가겠지, 기다려봐 얼마든지 너는 번식이 가능한 영생의 존재가 될 수 있단다 그대는 시간을 광합성 하며 우뚝 서는 거야, 대신 의식을 버려야 해, 본능에만 집중해야 해, 세포 어디에도 기억을 저장하지 말고 박애를 꿈꾸지 말아야 해, 잘려 나가는 고통을 느껴서도 안 돼, 증식의 맛으로 끝없이 분열하는 자아를 사랑해야지, 생존은 프로그램된 절차대로 따르기만 하면 돼지, 종의 첨단으로 사는 거야 불안의 땅에 뿌리를 내리고 거뜬히 가지를 뻗고 잎을 벌리고 생을 만끽해봐, 세상이 잿더미가 된다 해도 상처 따윈 입지 않아 그대 안에는 신의 위대한 힘이 이끌고 있으니 무서울 것 하나 없지, 삶이 곧 정의고 존재가 곧 힘이야, 모두 너를 우러르게 될 걸, 너의 수족을 심어봐 너만의 지도를 그려봐 세상이 그대를 기록하게 될 거야 불멸의 삶을 경외하며 세상 어디에 꽂혀도 꽃을 피울 수 있는 거룩한 지배자가 되는 거야 마법처럼 보이지만 처음부터 도저히 이해할 수 없는 일이 일어났던 거지, 눈물이 피가 되고 살이 되는 슬픔까지 삼켜버리는, 거역할 수 없는 역사를 증언해야지 총총, 모래벌판에서 천년을 꿈꾸는 무성의 기적이여

  * 삽목(揷木) : 꺾꽂이

생의 순간에서

내가 찾지 못하는
어느 돌덩이 아래
은밀한 농담 같은
나의 청춘이 조용히 누워있다

아무도 그의 울먹임을 듣지 못하고
꿈의 날개도 찾지 못할 것이다

내가 나의 청춘을 묻은 채
돌아선 그 순간만은
역력하다

조용한 울음이
겨울 한 복판 어느 끝에서
나를 굽어보고 있다

생은 삼각형
그 어느 선분이거나
꼭짓점 위다

돌아보는 순간 아득한
납작한 청춘의 혓바닥
아래다

보이지 않는 손

눈으로 볼 수 있는 것은
그 손등의 어디쯤
잔주름과 굴곡의 언저리일 뿐

은밀한 손끝의 지저귐과
따스한 온기의 토닥임을
과연 알아차릴 수 있을까

크고 조용한 맥박을 하물며
눈치 채지도 못하지
한 번도 만나지 못했을 거야
깊이를 가지지 않은 보이지 않는 손을

저 갯벌은 아직 한 번도 드러나지 않은
조물주의 보이지 않는 손등일 거야
영험한 바다의 숨통 같은
보드라운 대지의 허파 같은 거지

피와 피가 만나는 곳에서
탄생과 죽음을 주무르고 있는

태초의 지문이 새겨진 그런
기적의 주문을 바지락처럼 품고 있는

모닝 커피

오늘의 커피를 주문한다 과테말라
에티오피아 중 한 곳에서 날아온
아메리카노 한 잔과 토스트
샌드위치 중 하나를 집어 든다
벌써 나의 아침이 침식되고 있다
아침이 훌쩍 지난 시간, 모닝커피
흑진주를 갈아 넣은 듯
시간의 압착기에서 나온 듯
안나푸르나의 세찬 바람처럼
강렬하게 침샘을 자극하며
데메테르의 젖줄처럼 위장을 덥힌다
쓰고 강력한 검은 빛의 깊은 간헐적
사치를 행사하는 시간
한 땀 한 땀 아침을 베어 물어본다
얼마나 깊은 땀이 배었기에
이다지 검은 땀이 되었을까
클래식 음악 같은 생각이
아침의 9과 3/4을 넘기도 전
모닝커피가 시동을 켜는 순간
창문 넘어 달려 나가는
쏜살같은 하루

서천갯벌

여기
바지락 동죽 김 파래 쭈꾸미
갑오징어 꽃게 칠게 버들 갯지렁이
비단고둥 낙지 자하 대하 중하
검은머리물떼새 붉은 어깨도요
큰뒷부리도요 넓적부리도요도 산대요
그 많던 사구는 어디로 갔는지 모르고요
갈대 천일사초 해홍나물 갯잔디는
어디 가야 만날 수 있을까요

누가
그 숱한 생명의 자리 고요한 뻘의 노래
힘찬 가슴들과 고결한 낙조를 거느린
아스름한 숨결을 다 담을 수 있을까요
누구도 아닌 그러나 모두를 위한
어머니의
어머니의 어머니의 자궁 같은 품속을
어찌 함부로 파헤칠 수 있을까요
감히 해당화 향기를 꺾을 수 있을까요

멧비둘기

동정리 산자락
마른 나뭇가지에
멧비둘기 한 쌍이 앉았다
부푼 가슴 가득
아침햇살을 맞으니
동네가 솜털처럼 깨어난다

고려청자의 몸매처럼
초가집의 등줄기처럼
멧비둘기 한 쌍이
마른 가지에 꽃처럼 앉았다
봄이 하얀 속살로 깨어나고
마을은 온통 신혼집처럼 달콤하다

봄이 오는가 보다
저수지를 품은 골짜기
동정리 들어가는 길 따라
구불구불 피어오르는
물안개
그득하다

안절부절

 그냥 절하라. 절절하게, 쩔쩔매듯 안절부절못하지 말고, 납작 엎드려라 머리를 조아리고 허리를 구십 도로 꺾어라. 깡패 새끼 앞에서는 어쩔 수 없다. 머지않아 저 깡패 때려잡을 깡패 새끼 나올 것이다. 그냥 절해라, 굽신굽신, 신을 굽어봐라. 내 발을 나란히 감싼 신. 짚신짝도 고무신짝도 운동화 짝도 구두 짝도 좋다. 반짝반짝 떠오를 날 있을 것이다. 마차에도 오르고 기차에도 오르고 비행기에도 오르고 우주선에도 오르고 달나라 별나라도 밟을 것이다. 높은 성좌에 앉아 있는 깡패의 면상을 갈길 때쯤, 우주 깡패가 나타나면 어쩌나? 또 안절부절, 아니다 절대로, 굽신굽신할 일이 아니구나, 절대로, 절하지 마라. 아버지를 아버지라 부르지도 마라.

파시 즘

우리 어머니, 파스 없인 못 살아
거 있잖냐, 올 때 시내, 약국에서 파시 즘 사오너라
시원찮은 거 말고 차악 달라붙고 오래가는 거로
너무 비싼 거 말고 알지, 뭐 말하는지

알다 뿐인가, 파시가 아니라 파스라는 놈
장이 파하듯 몸도 파한 것이죠
파스 좀이 아니라 파시 즘 사오라고 일러 붙이고
어머니는 다시 밭고랑에 모종 심으러 갔을 것이다

어머니에게 파스는 파시다
파시즘보다 더 강력한 파스의 힘이
어머니 허리와 무릎을 지탱한 지 오래다

어쩌면, 우리는 서로에게 차악 달라붙어
오래오래, 쑤시는 곳을 더 쑤시게 하는 파시즘일지 몰라
어쩌면, 우리는 파시즘의 위약 효과에 빠져
절뚝거리며 살아가는 헐거운 정신일지도 몰라

푸른 이빨

장마와 소낙비, 햇살과 구름이 뒤엉킨 무풍지대, 푸른 털가죽의 맹수가 비스듬히 누워있는 비탈 너머, 우의 고개를 지나면 문명을 수호하는 보도블록, 야생의 어깨가 반듯하게 누워있다

미륵이 모여 사는 동네처럼, 바다를 몰고 온 하늘을 받아먹은 대지가, 비릿한 소금 꽃을 피울 때, 모래를 씹어 먹고 자란 풀씨가, 미륵의 옆구리를 열고 나왔다

여름이, 마침내 살아난 푸른 이빨이, 뜨거운 햇살을 뜯어먹고 있다

겨울 앞에서

밤새 바람이 세차게 불고 나무 사이로 비명소리 들렸다 대지의 손과 발은 얼어붙고 여기저기서 기침이 새어 나왔다

도시는 끄떡없이 서 있으나 희미한 절망이 검은 도로를 굴러다녔다 울타리 밖, 축축한 웅덩이에 얼음이 돋아 저만큼, 비정한 속내를 내몰고 은거하듯 심장을 가뒀다 그사이 차갑게 하늘이 모서리를 드러냈다 별이 날카롭게 빛날 때 달도 조금씩 제 살을 깎아내고 있었다

이따금, 기침은 새어 나오고 계절은 단단한 껍질로 눈과 귀를 닫아걸고 슬픔이 새어 나오지 못하게 잘근잘근 어둠을 씹고 있었다 염전을 말린 바람이 새우의 바다를 건너 소나무 숲을 빠져나와 자작나무 껍질을 쓰다듬고 씩씩한 비명과 웅성한 몸집으로 저벅저벅, 몰려왔다 먼지 같은 고원의 풍장 소식 담은 호릿한 내음이 코를 찌를 때 밤은 어둠을 도로 토해내어야 했다

이별한 자리마다 비명이 몰아쳤다 시간이 돌아누운 자리, 기침 소리 들리지 않았다

고양이 혓바닥

 영하의 날씨를 피해 나는 집고양이처럼 높고 따뜻하고 조용한 창가 의자에 앉아 커피 향기로 아침을 그루밍한다 눈은 졸린 채 앞발을 핥듯 커피잔을 들어 홀짝거린다 할짝이랄까 홀짝이랄까, 홀짝이건 할짝이건 짝이 있어 좋은 시간 어쨌든 고양이 혓바닥 같은 너의 음성이 나를 쓰다듬는다 물기 좔좔 흐르는 롱헤어 페르시안 고양이부터 우아한 샴 고양이, 스핑크스 고양이 가족이 나타나기도 한다 자신만의 방식으로 길든 눈알이 검고 맑은 도어를 열고 들어온다 유독 창가 쪽을 좋아하는 등 푸른 고양이도 있다 둥근 원탁을 좋아하는 골목대장 고양이부터 안경을 눌러쓴 채 가장자리에 앉은 배심원 고양이도 보인다 자기 영역이 확실한 고양이들이 모여 그루밍하기 좋은 각자의 자리에 앉아 서로를 훔쳐보는 눈길 속에 종족의 냄새가 난다 이들은 모두 이기는 법을 아는 고양이들, 민첩하기 짝이 없다 최대한 부드러운 몸짓과 상냥한 얼굴로 서로를 맞이하지만 서로에게 길들고 싶지 않은 묘한 눈빛들이 와이파이를 잡고 논다

 여기는 대한민국 카페 1번지, 집 나온 고양이들의 정거장이다 고양이 혓바닥 같은 커피로 까칠한 시간을 그루밍하는

단풍 들자

잎새들 저마다
햇살 한 모금 베어 물고
헤엄치듯 바람을 타고 놀다
걱정을 모르는 손뼉처럼 살다
푸른 입술로 춤추며 빈손으로 살다
햇살과 나눈 깨끗한 약속으로 불타올라
어느 날 문득 붉어진다 불거진다
형형색색 울긋불긋 온 산을 불태운다

단풍을 단풍이라 말하면
그것은 이미 단풍이 아니다
단풍은 결코 하나의 모습이 아니다
단풍은 결코 같은 색으로 물들지 않는다
단풍은 저마다 각양각색으로 뜨거워진다
스스로 풍경이 되어
소풍 떠난다

가을이다
단풍 들자

옥수수

옥수수는 수염부터 자란다
그래, 옥수수를 보면 꾸벅 인사를 해야지

얼마나 많은 말을 가지런히 채우고 있을까
얼마나 아름다운 음악 한 곡을 완성하는 중일까
어쩌다, 이지러진 선율도 옴팡
무지개 같은 삶의 향기로 채우지

옥수수 밭에는 들어가지 마라
그 가지런한 이야기에 빠지면
빠져나오는 길을 잃을 수도 있단다

아파트 단지 아래 텃밭 가장자리
키 작은 옥수수들이 나란히 서서
한여름 아스팔트 땡볕의 선율을
느긋하게 연주하고 있었다

인생의 맛을 익히고 있었다
꼿꼿하게 서서
나풀거리는 잎새의 현
그 아래 수많은 혀를 키우고 있었다

널 부른다

곳곳에
쓰다 버린 것들이
널부러져
널부른다

진화의 과정일까
변태의 흔적일까
인간과 쓰레기
쓰다 쓰다 버린다
도처에

감당할 수 없는
거룩한 부피와
하찮은 질량의
뷰티의 피부들

쁘띠쁘띠한 사랑의 껍데기들
버려진 물건들
떠도는 영혼들

버려도 버려도 사라지지 않는
베드 신 같은 배신의 물증들
어떤 간절함들

3

겨울 나그네

　스산하던 겨울밤 새벽녘에 눈이 내려 정갈한 들판에 밤새, 고뇌의 먹을 갈던 겨울 철새들 내려, 서늘한 가슴 맨발로 헤치고 더디게 오는 언어로 시를 읊는다

　꼭꼭 감춰둔 몇 알의 시심을 찾고 운율 같은 낙곡落穀의 광채를 쪼는 청정한 아침 공양, 탁발승의 야윈 발목으로 떨어진 욕망의 정곡에 음표를 찍는다

　샛강 여울의 온기로 언 발등 녹이며 하늘을 몰고 다니는 겨울 철새들, 돌아가리, 돌아가리, 바람에 화답하며 하얀 경판에 화살표를 새기고

　빈 하늘로 돌아가는 단단한 눈썹들

훌러덩

 훌러덩, 일 년의 반이 갔다 절반인지 반절인지 양반인지 수절인지, 늘 그렇게 탐색전과 소모전과 공방전으로 기회와 회기를 넘겨버리곤 했다 절반은 실패고 반절은 헛손질이었다 반절만 남았다 절반이나 남았다 어느 쪽일까, 후반전이다

 반전을 노리는 사각의 링에는 청코너와 홍코너가 자리 잡고 마음의 이쪽저쪽이 작전에 돌입했다 흥행을 고려한 배팅과 예측 불가능한 결괏값에 대한 무한 신뢰를 쏟아낸다 아직 반절의 게임이 남았다 승리를 외치며 반전을 노리는 벌떼들, 머릿속을 붕붕 날아다닌다

 절반이 나가떨어진 자리 후회의 시체와 고뇌의 피가 뒤섞인 자리에 또 어떤 실패가 훌러덩, 나가떨어질 것이다 완투 스트레이트에 쨉도 안 되는 쨉을 날리다 어퍼컷과 좌우 훅에 마우스피스는 날아가고

원고지 소작농

 질문 하나 하자 무엇을 읽으려 하는가 무엇을 쓰려 하는가 괴상한 일이다 무엇을 알고 있는가 동시에 생각해본다 무엇을 완벽하게 상상하는가 결국 무엇을 흉내 내고 싶은가 어떤 방식으로 기술하는가 합리적 상태로 빠져드는가

 노력의 증거는 문장으로 직관된다 수수께끼 같은 독특한 취향과 맞서며 존중을 만들어낼 수 있을까 대화를 회피하거나 사려 깊지 못한 이기심을 적으로 돌릴 수 있을까 강렬하고 긴박하고 너그럽고 진실할 수 있을까 현존을 말할 수 있을까

 탁자 건너편의 사람을 내게 이르게 할 수 있을까 아니면 거기에 이르게 할 수 있을까 바늘이 떨어진 자리를 찾을 수 있을까

 원고지라는 황무지 앞에서 소작농의 근검으로 쓰자 호미로 매고 낫으로 베자 은둔의 숫돌에 문장의 날을 세우자 화전이라도 일구자 쪼그려 앉아 허리를 굽히고 쓰자 수만 번의 호미질과 수천 번의 낫질에도 도저히 이길 수

없는 잡풀과의 싸움이라고 치자 그렇게 촘촘히 한 걸음 한 걸음 내딛는 땅에서 얻으리라 여기자

 시대의 잡풀과 싸우는 경작지에 기계의 속도로도 따라잡을 수 없는 저녁 해, 시간의 속도로 자라는 잡풀들이 머리맡을 점령한다 대충 후려치고 헐값에 넘길 수 있는 기억을 심지 말자 지쳐 떨어지는 맥없는 날이라도 한 판 붙어보자 아침 참과 저녁 참에 허리 한 번씩 펴고 하늘을 보자

 원고지 소작농이 되어 비탈진 자갈밭에서 질문의 씨앗을 가꾸자

까마귀

어머니와 장수골 산밭에서 도라지를 캤다. 삼 년을 키운 도라지가 총총히 솟아 나왔다. 차가운 옹달샘이 있던 산비탈 아래, 할아버지가 일구시고 할머니가 누워 계신 곳, 땅의 지층에 뿌리내린 시간을 줍는 시간이었다

기울어 가는 햇살 타고 까마귀 한 마리 날아와 '까악까악' 울러댄다

저놈의 까마귀 내, 듣기 싫어 죽겠다, 어머니의 핀잔이 쏟아진다. 도라지 캐러 올 적마다 날아와 울어댄단다. 내 자꾸 까먹는 게 저놈 때문인가 벼, 저번 오일장에서 휴대폰도 깜빡 놓고 왔잖여, 가스 불도 안 잠그고 밥솥도 안 눌러놓고 뭔 조화 속인지 물러 다, 저놈의 까마귀 때문인가 벼. 귀를 깜을 수도 없고 저놈의 소리 안 들었음 좋겠다 하신다

귀를 감을 수 있다면 얼마나 좋을까요. 눈을 감고 입을 닫듯
어머니는 까마귀 울음소리에 마음이 까맣게 타들어 가는 듯, 몸져누운 아버지보다 자식 걱정, 손자 걱정을 또

늘어놓으신다. 세상이 까마귀처럼 시끄러운 소리로 들리는 게, 다 내 마음이 시끄러운 탓이니께 그런거여 하신다

   까마귀는 귀를 감으라는 주문의 말. 마음을 뒤집어 놓는 도치법을 새로 배웠다
   깜아라 귀, 까마 까마

마지막 멘트

 최불암 선생님이 한국인의 밥상에 나와서 이렇게, 마지막 멘트를 하고 나갔다.
 저는 다시 길 위에 섰습니다, 길 위에 선다는 것은, 어딘가 닿기 위한 시작이죠, 시작이란 단어, 참 두근거리는 말이죠, 시작, 참, 좋은 말입니다. 저는 그래서 매일 시작하고 있죠,

 김성근 감독은 '야구는 심장'이라는 멘트를 날렸다. — 나는 갑자기 인생의 마지막 멘트를 생각한다 —, 심장을 꺼내 놓고 이리저리 굴려 본다. 심장의 첫걸음을 생각한다. 고맙고 미안한 땀 흘린 심장이 보인다. 아직도 쉬지 않고 뛰는 우리의 심장은 아직 끝나지 않았다.

 인생은 심장이 그린 지도라고, 단숨에 끝나는 길은 없다고, 나는 나의 마지막 멘트를 날려볼까? 시작했다면 끝까지 함께 가는 거라고, 그것이 하나뿐인 나의 심장이라고, 우리는 그런 사람이라고, 그런 심장을 가진 심장 같은 사람이라고, 단순한 장기가 아닌 가슴도 아닌 마음 심장을 발달시킨 사람이라고, —그것은 끝나지 않은 사랑이라고—

구름꽃

오늘의 날씨 님
당신은 흐리군요
한숨을 풀어놓고 푸념하듯
최선을 다해 흐리군요
흐느끼는 듯 서늘한 옷차림
모시 적삼에 장삼 자락 뿌리며
버선발로

흐림을 모르면 안 되지
젖은 가슴으로 지나가는 사람 앞에
찡그리지 말아야지
구름도 쉬어 넘는 고개를 모르면
안 되지
구름이 되어 메마른 가슴에 비를
뿌리는 사람을 잊어선 안 되지

오늘도 날씨님, 당신은
젖은 어깨를 들썩이며
흐림을 선사하네요
구름꽃의 향기가 울려 퍼지네요

지정학적 나이, 어르신

당연함의 모서리에 붙이기 좋은 말 지정학, 마모된 현실의 모서리에 붙이기 좋은 지정학이 있다 그 지정학적 자리에 등장한 언어가 있다 지정학적 나이가 있다 어르신

지정학적 존재 어르신은 지금 초고령화의 지정학적 세계에 노출되었다 나이라는 리스크와 연세라는 프레임과 연식이라는 크레임, 노년이라는 이의신청이 쇄도하고 있다 포스트모더니즘의 종말과 동물의 왕국과 국경을 맞댄 알고리즘 사회에 나이의 지정학이 횡행하고 있다 재가복지 요양보호 노년 연금이 등을 치고 노치원이 등장하고 치매와 치맥을 구분 못하는 애송이들이 커피잔에 불면증을 타서 마실 때 어르신은 시간을 게워내며 어제에 어제를 더하고 있다 맹혹한 상황과 조짐이 미세먼지를 동반하고 시간은 수직 상승하며 역사가 최첨단으로 늙어간다 동면에서 깨어날 것들과 죽음을 거래하는 상점들, 위도와 경도를 지키는 문지기 앞에서 철거와 건설의 중력을 이기는 미세한 힘의 파동은 어떤 국면일까 안락사와 고독사 사이에서 반등과 급락을 반복하며 그들은 어떤 변곡점을 통과하고 있을까

복병과 지뢰가 매설된 전장 같은 지정학적 나이가 폐휴지를 모으고 리어카와 유모차를 밀고 다닌다 뻔한 거짓말을 배태하는 쇠의 우리 안에 지정학적이라는 말로 출산율의 생태계에 합리적 불안과 똑똑한 오류를 심는다 어르신이라는, 지정학적 변방에도 꽃은 피어날까

꽃멀미

꽃에 취하면 꽃에 꽂히면 꽃에 빠지면 꽃에 묻히면 꽃에 숨으면 꽃에 잠기면 꽃에 홀리면 꽃에 물들면 꽃에 베이면 꽃에 물리면 꽃에 걸리면 꽃에 앉으면 꽃에 찔리면 꽃에 안기면 꽃에 잠들면 꽃에 팔리면 꽃에 머물면 꽃에 산다면 꽃에 기대면 꽃에 끌리면 꽃에 고프면 꽃에 탄다면, 무임 승차하다 잘못 걸리면 제멋대로 꽃을 씹거나 꽃을 탐하면 못쓴다고 때론 여린 마음, 꽃에 베이지 말라고 꺾이지 않는 향기를 쏘는 꽃의 정당방위, 혼미한 벌과 나비를 향해

우주먼지

우주가 뭔지도 모르고
까불다 먼지처럼 사라질
존재

그게 나란 먼지

나와 우주는 얼마나 먼지
나와 그대는 얼마나 먼지
또
나는 나로부터 얼마나 먼지

그리움은 또 얼마나 우리를
우주를 떠돌게 하는지

코스모스 하늘 하늘
까마득한 꽃잎 속을

코스모스 피는 봄날

　냉장고에 넣어 둔 사랑을 다 꺼내 먹고 잘 다듬어진 사랑을 구매하러 나서면 편의점, 마트에도 사랑은 전시되어 있다

　허기를 느끼기도 전에 허겁지겁 사랑을 찾아 노동의 무게보다 가벼운 질량으로 가공된 사랑을 주섬주섬 비닐봉지에 담는다

　자연의 기다림과 눈물의 고랑을 경작하던 어머니의 비탈진 농경지는 공장지대가 되었다 원시 부족의 사랑을 심던 손길은 사라졌다

　아파트 단지가 들어서는 논두렁에 앉아 새로 뚫린 도로와 가로등, 고깃집과 교회 건물과 학원과 커피숍이 들어서기 전, 무논에 하늘이 고스란히 담기던 때를 생각한다 단지, 흐릿한 기억의 안개다

　개구리 울음소리 그치고 물풀이 사라지는 코스모스 피는 봄날, 별 하나의 사랑이 가고 하늘이 다시 열리고, 쌀 한 톨의 무게가 다이아몬드의 무게로 거래되는 날

콘크리트 더미 아래 헐벗고 굶주린 짐승들 그들의 사랑은 목구멍을 벗어나지 못할 것이다
　그때여, 사랑은 쌀 한 톨의 무게를 감당할 수 있을까, 무지개는 또 얼마나 무거울까

눈 내린 날 아침

순간, 그것이 아닌
그것들이 서서 나를 본다
가볍고도 무거운 눈길로
백색테러의 현장
빛으로 빛을 잃었구나

봄을 탐했던 기록들이
환영처럼 지나간 밤
밤새 두통에 시달렸다
심장이 제멋대로 뛰었다

아침은 끊기 힘든 마약처럼
삶을 조종하려 시동을 걸고
빙판길의 발걸음이 더욱 위태롭다
오늘도 밥상을 차려야 하는 사람들
엉금엉금 걸어간다

무엇을 훔칠 수 있을까
자유를 훔치기 위해 영혼을
팔 수는 없지 않은가

시간과 영혼의 껍질이
생명에 깃들기 위해
헐벗은 꿈을 위해
하얗게 흘린 눈물이
꽃가루처럼 내린 아침이다

대리운전

평화라는 말은 없다, 아니 없었다 언제부터였을까 평화를 부르짖게 된 것이 아마도 1차 2차 세계대전 이후가 아닌가 싶다 세계는 참혹한 전쟁을 통해 평화를 낳았다 그러나 평화는 정작 승전국의 전리품에 불과했다 이 땅의 평화는 정육점의 고요함 같았다 아직 평화는 나약하고 나태한 변명처럼 받아들이는 속물들의 푸념과 울분과 독선과 독재의 손아귀를 벗어나지 못한 듯하다 자본의 평화란 더욱 그렇다 민주의 평화는 더욱 우울하다

어제 대리운전으로 집에 돌아왔다 직장생활을 해 본 적이 없다는 젊은 사내, 낮에는 개인 사업을 하고 밤이면 걸어다니며 대리운전을 한단다 여유와 휴식이 없는 생활에 지치고 피곤할 듯, 여가를 즐길 시간이 없을 듯하여, 내심 안타까운 마음에 조심히 물었다 사는 게 어떠신지? 많이 벌면 좋다, 나중에 즐기고 싶다며 강단 있게 답한다 아~ 이제는 돈이 평화를 낳는구나

어제 누군가, 나이 60세, 한창 나이에 스스로 목숨을 끊었다는 부고를 받는 것을 보았다 왜~? 그랬을까~? 목숨을 부지한다는 말, 부질없는 시대가 되었단 말인가

탐욕이 자본이라는 괴물을 낳아 기르고 있다
욕망이 무너지는 날 돈은 얼마나 자유로울까
저희끼리 돌고 돌며 행복한 웃음을 뿌리며
달동네 꽃동네를 마음껏 돌아다니지 않을까

그제는 고향 친구의 부친상에 조문하고 발인을 보았다
리무진 영구차, 대리운전으로 먼 길 떠나셨다

아카시꽃

아
카
시
아
카
시
아카시와 아카시아는 다른 꽃이란다
우리의 아카시는 그냥 아카시아
동구 밖 과수원길
아카시아꽃이 활짝 폈네~
처럼

어쩔 수 없는 추억의 향기를 가진
악독한 뿌리를 가진
생명

생이란 그런 것
어떤 악조건에서도
뿌리를
벋는

사랑이란 그런 것
결국은 꿀단지를 채우는
아카시아꽃처럼
질긴 달콤함
같아

때론

　어느덧 12월, 달력을 넘기며 내 안에 고장 난 시계를 발견한다 언제 멈춘 지 모르는 시계가 하나, 덩그러니 걸려 있는 벽, 시간의 속도를 따라가기 버거워진 쓸쓸함의 추를 달고, 뻐꾸기 울음소리와 함께 떠나신 할머니의 벽시계 같은, 이제 막 반환점을 돌아 나온 시계가 멈칫, 풀려 버린 허벅지와 종아리를 뻗고 팔까지 늘어뜨린 채 털썩, 주저앉아 있다 멈춰진 시계 안에 나의 시간이 잠들어 있었다

　시간도 밥을 줘야 하나 그냥 흘러가고 흘러오는 시간은 없나 서글퍼지는 나이가 되면 더 자주 시간에 밥을 줘야 하나 때때로, 허술한 근력과 허약한 열정이 방치한 시간이 세워 둔 자전거 바퀴의 바람처럼 빠져나간다

　그렇지, 벽이 아니라 들판을 달려야지 나의 시계여, 삶의 기울기와 여행의 속도가 만나는 곳으로 반갑게 떠나 봐야지 나의 호흡에서 1초가 탄생하게 해야지 세슘원자가 91억 9263만 1770번 진동하는 동안에도 모든 움직임에 매력을 느껴야지, 수천 년 몸을 깎은 설악산 만물상도 비와 바람의 움직임이 있었기 때문이다 달팽이와 수리부

엉이의 움직임을 배워야지

　나의 고장 난 시계에 다시 밥을 줘야지 우아한 원운동으로 생활의 양팔간격을 넓히고 생각의 가랑이를 벌리고 까치발도 해가면서, 그렇게 아이처럼 시간과 놀다 보면 그렇지, 시간이 더 놀자고 나를 잡아끌고 내일의 약속을 낳겠지

　때론, 나의 시계와 너의 시계가 키재기를 하다 보면 새싹도 올라오고 꽃도 피고 아름다운 것들이 주렁주렁 달리기도 하겠지, 때론 때를 잊어야지

엘리스 죽이기

앵무새가 죽었다
이제는 엘리스도 죽어 간다
동심을 죽인 제단에서
죽음의 대가리가
은밀하게 거래되고 있다

죽음의 유통기한이 길어진다
대부분 냉동되어 변질을 모른다
시간은 너무 오래되어 질긴 힘줄을 가졌다
오늘 먹은 점심은 완전한 죽음이 아니었을지 몰라

생을 연마하는 자리마다 죽음을 씹는다
피의 식탁이 방사능으로 차려진다
우리는 점점 강해져야만 한다
과오의 유전자가 고장 난 시계를 걸어놓은 수용소

치부를 치부로 덮는 곳에서
죽음보다 깊은 상처가 용해되고 있다
마침내 희망을 때려눕힐 것이다
절망이 칼을 갈고 있다
죽음의 힘이 점점 비축되고 있다

치유

정말 유치해
그치

사랑해

그치만
기분이 좋아지기도 해

사랑해

꽃처럼 피어나
마음을 고치는 말

사랑해

아랫목

외암마을 여진이네
사랑방에 놀러 가서
차 한 잔 얻어 마셨다

안 마당에는 장작불이 피어있고
처마에는 메주가 주렁주렁 매달려 있고
방안에는 햇살이 들어와 비스듬히 누워
낮잠을 자고 있었다
목화 꽃꽂이와 연자방 가을꽃 한 다발이
나란히 앉아 꾸벅꾸벅 졸고 있었다

그 방 벽에는
'바닥에 눕지 마세요' 라는
문구가 적혀 있었다
햇살과 눕고 싶은 마음은
매한가지인가 보다

그러나
혼자만 편히 벌러덩 눕지 말고
둘러앉아 햇살의 이야기를 나누라는
따끈한 아랫목이었다

여행

소달구지 타고
동무들과
함박웃음 지으며
송아지도 졸졸 따라
떠난 길

지금은 어디쯤
여행하고 있을까

세상을 몇 바퀴나
돌았을까

지금은 얼마나
웃고 있을까

돌고 돌아 지금은
어디에 누웠을까

그 시절의 벗들은
어디쯤
걸려 있을까

낮달

아차
달이
위태롭다

원시 부족의 마을에나
어울릴 것 같은
얼굴

크레인에 걸려 잠시
하얗게 질려
얼어붙었다

낮달이 뜨는 이유는
어린아이의 해맑은 웃음을
보고 싶어서라는데

종의 기원

생명의 나무를 보았다
그 어떤 존재도 하등하거나 열등하지 않다
생명은 스스로를 책임질 뿐이다
자연의 선택이 생명의 나무를 키운다
선택만큼 가혹한 것은 없다

생명의 나뭇가지는 새로 움트고
자라고 꽃을 피우고 씨앗을 남기지만
그중에 극히 일부만 살아남는다
위대한 역사적 진실은 나무처럼
단순한 법칙을 따른다
유한에서 무한으로 가지를 뻗는다
삶이란 한 조각 구름이 사라짐이다

눈이 내렸다
무지개처럼 살아갈 모든 생명은
누가 뭐래도 웅대하거나 탁월하거나 압도적이다
우주의 가피는 지지 않았다
따라서 지렁이는 아직 죽지 않았다

해를 안으며

시끄럽고 못마땅한 일들도 많았지요
미워도 돌아보면 미안한 사람도 많고요
뽑아버린 풀뿌리도 다시 살아나더군요

덜 자란 무와 울퉁불퉁 모과가 저마다
땅과 하늘에 머리를 박고
깊고 고즈넉하고 맑고 단단한 향기로
익어가네요

점점 서늘한 날들이 다가오는군요
점점 낮아지는 계절로 들어섰네요
갈비뼈를 둥글게 감싸는 사랑
평생을 기다린 날처럼
해를 끌어당겨 안아봅니다

물큰하게 번지는 사랑의 빛깔로
떠오르는 아침 해를 안아보았지요
해의 심장 소리 가만히 들었지요
둥글게 마른 수국이 바스락
눈앞에서 부서질 것만 같았지요

해를 안고
살아가는 한 해 한 해
올해에는 꼭 해야지 하며

멀찌감치

대천천 천변을 걸었다 아침은 아직 멀었다 먹장구름을 덮은 성주산 아래 대천 시내가 깨어나지 않은 시간 몇몇의 불빛은 잠들기 전이다

소설가 친구의 신고식이 있던 어제
과거는 존재하는가 존재란 현재만 가능할 터 존재하지도, 존재할 수도 없는 과거에 지배당할 이유는 무엇인가 그렇게 과학을 신봉하고 양자역학을 부르짖으며 그러나 소설은 쓰일 것이다 쓰러지는 것들을 불러세울 것이다 소설가 친구는 현재의 붓끝에 존재하지 않는 과거와 미래를 소환할 것이다 기록할 것이다 복원하고 언어의 집에 무량한 삶을 살게 할 것이다 우리에겐 내일이라는 인문학이 버티고 있다 힘내자

빛이다 불변의 진리, 캄캄한 무한의 공간을 질주할 수 있는 유일한 우주의 힘, 빛
빛의 선봉에서 갈대들이 비스듬히 물살의 방향으로 서 있었다 바다를 향하고 있었다
불쑥 새소리 들렸다, 나즈막히 한 마리 두 마리 깨어나 안부를 묻는 아침 인사, 귀가 밝아왔다

한 무더기 사람들이 달려왔다 어둠이 꿈틀거리는 곳에서 마라톤 복장의 건장한 인물 여남은, 새소리 물러난다 난 새소리가 더 듣고 싶었다 남대천교 가까워지자 갯내 올라온다

여기구나 '까악 깍' 거리는 소리, 나를 경계하는 듯 날카롭더니 소를 이룬 곳 뻘의 모양으로 드러나는 물줄기 따라 옹기종기 새들의 침실이 있었다

잠꼬대하는 어린 새를 품고 있는 갈대는 따뜻했다

시내가 끝나가고 있었다
바다를 향해 대천천은 오래된 마을은 찾아 멀찌감치 왔다
아름다운 광경은 이속과는 멀찌감치 있었다
누군가는 멀찌감치 앉아
드디어 올 아침을 이야기할 것이다
올 것은 반드시 온다

소요하다

왕희지의 난정서를 보았다
한참을 서성 앞에서 서성였다
천하제일행서의 뜻도 모른 채 눈치 없는 소요였다
무슨 소용일까 싶어 한참을 쏘아보니
귀족의 먹 냄새가 흘러내리고 있었다
시를 지으며 놀았던 현자의 피가 흐르고 있었다

글보다 인장과 낙관이 덕지덕지 찍힌 문장 사이
운치를 소유하고 싶은 피나는 노력의 운치를
시가 귀하게 대접받는 당대의 운치를 기리며
당 태종과 묻혔다는 오리지널도 아닌 모사 임서본,
천년을 훌쩍 뛰어넘은 오리지널 팝아트를 소요했다

필경, 이렇게 쓰여 있으렸다
― 雖世殊事異, 所以興懷, 其致一也. 後之覽者, 亦將有感於斯文.(비록 세상이 바뀌더라도 사람이 느끼는 감흥과 정취는 같을 것이다. 후세 독자들이 또한 이 작품에 대해 느끼는 바가 있을 것이다.) ―
필경, 붓의 길이란 이런 것

4인칭 시점

미래를 모르는 한
인생은 어차피 방황
잠깐의 여행길에

비행기 안 타기 자동차 안 사기 유튜브 안 보기 백화점 안 가기 소고기 안 먹기 소주 안 마시기 골프채 안 잡기 낚시질 안 하기 등산질 안 하기 회식 안 가기 남 눈치 안 보기 인간을 안 믿기 흙에서 왔으니 흙으로 돌아갈 것을 기억하기 오늘을 반드시 최고로 보내기, 이게 가능할까,

나와 너, 그리고 그를 넘어 4인칭으로 살기, 사랑하는 모든 것을 버리고 떠나기, 사랑받지 못하는 것들을 찾아 떠나기 집착만을 집착할 것, 집착의 멱살을 잡고 끝까지 샅바싸움을 해보는 로망을 꿈꾸는 것이 가능할까 최고의 장사는 나와 싸워 이기는 것

불가능에 도전하는 것은 가능할까 어차피 인생은 도박 아니면 대박, 아닌가 헛걸음하는 날도 있다는 것 그날이 오늘이라는 것쯤 아무렇지도 않게 여기며 환상은 나의 힘, 내가 없는 나로의 집착을 꿈꾸는, 그 방황의 지향

연리지

너와 나 사이
끊어지지 않을
오작교 놓아
둘이 아닌 하나로 살자
단단한 사랑으로
떨어질 수 없는 한 몸이 되자

삶이 외로운 섬일지라도
너 하나 나 하나 만나
나란히 맞잡은 손 있으니
무심한 세월 쯤이야
무량한 하늘 쯤이야

무슨 상관이랴
구속 없는 사랑이 어디 있으랴
도화같이 피고
살구같이 익어
단풍으로 펄럭이자
더 멀리 보고
아무도 모르게 웃자

두 개의 심장

하나의 마음으로

어깨춤을 추자

사랑뿐인

사랑꾼이 되자

당당한 단풍이 되자

개미

새벽을 틈타 침략자가 나타났다
몇몇은 맥없이 쓰러졌지만
우리의 평화를 깨트리진 못했다
우리는 길을 멈추지 않았고
대열을 다시 일으켜 세웠다
무차별 무자비 무관용으로 적을 섬멸했다
하늘은 흐리고 장마가 시작되고 있었다
신화는 절망적 상황에 교훈은 될지언정
우리의 통일을 깨뜨리지 못했다
우리는 더 이상 진화를 모른다 하지만
우리의 제국은 한 번도 무너진 적이 없다

우리의 위대한 지도자, 솔로몬보다
강력한 페로몬이 있었기 때문이다
그는 언어였고 우리의 힘은 언어로부터 나왔다
람세스가 아닌 냄새가 우리의 제왕이며
우리를 이끄는 불멸의 언어다
냄새가 춤이 되고 사이렌이 되었다
몸짓 손짓 발짓 눈짓의 모든 것을 낳는
내분비샘으로부터 발원하였다

우리의 언어는 진화의 최종단계다
귀가 없어도 듣고 입이 없어도 말한다
자기소개와 명함을 주고받을 필요 없다
구태여 오랜 시간을 허비하며
상대방을 알아갈 필요도 없다

우리는 저마다의 향기와 향기로 살아가며
사랑하고 연대할 뿐이다

타인의 취향

타잔을 흉내 내며 로보트 태권V, 미래소년 코난을 보며 자랐지 로보캅과 어벤져스 스타워즈 미션 임파서블 007까지, 레옹과 수퍼맨 원더우먼을 친구 삼았던 때도 있었지 기름을 뒤집어쓴 가마우지 북극곰의 눈물을 보며 남극의 빙하가 무너져내리는 날도 나는 삼겹살과 한우를 씹었단다 커피를 마시며 즐거워했지

설국열차가 돌기 시작하고 한강에 괴물이 나타난 적도 있었지 ET와의 비행은 위태로운 낭만이었지 토토로가 이웃집에 이사를 오기도 하고 하울의 움직이는 성에 초대되기도 했지 범죄도시를 평정하고 신과 함께 구천을 여행할 때는 파우스트보다 숭고했지 쥬라기공원에도 놀러가고 풍선을 타고 파라다이스에 불시착하고 미래에서 온 살인 병기와 싸웠지 마법 학교를 체험하고 절대 반지에 현혹된 적도 있지 마스크를 쓰고 괴력난신이 되었다가 개과천선하여 사랑을 쟁취하는 로맨스는 일종의 코믹이었지 암튼 나는 수없이 많은 타인의 삶을 살아왔지 탐정이 되기도 하고 로빈훗이 되었다가 타이타닉에 몰래 올라타 난파되어 숨을 거둘 때, 비로소 사랑은 완성되었지,

자욱한 어둠 속에서 피어나던 한숨과 열기, 가슴 졸이던 무중력의 시간과 권선징악의 음모 영웅 서사의 무한 궤도 짜릿한 형이상학, 나의 실체는 나에게 있지 않았지 내 속에 사는 타인의 몫이었지 영혼은 하늘을 날아다니고 신체는 가공할 힘을 가지고 가면을 쓰고 도시의 빌딩 숲을 날아다니는 스파이더맨의 고뇌를 씹으며 소주를 마시며 호기를 부리며 나의 멱살을 잡아 흔들며 외로운 검객 돈키호테처럼 모험을 떠나지도 못하고 가로등 아래 노상 방뇨하는 개처럼 보이지 않는 누군가를 향해 짖다가 후다닥 꼬리를 감추고 대문 안으로 숨어드는

 나의 인생이란 타인의 취향을 충분히 고려해야 하는 한 편의 영화였지

전하다

나무가
햇살의 문장과
바람의 노래와 비의 선율과
대지의 사랑을 다 읽고

봄부터 가을까지 써 놓은 편지를
다 부쳤다고

아직 잉크가 덜 마른 편지 몇 장을
보여줬다

달빛과 별빛이 전해준 소식으로
알뜰하게 한 살 먹었다고

시간이 총총한 겨울에는
더욱 단단하게 자랄 수 있다고

내게 전했다

거장의 귀

학교 운동장, 축구 골대 뒤
머리 잘린 은행나무 몸통에
귀가 무성하다
귀신도 무서워할 만큼 빼곡이
푸른 귀가 열렸다

나무는 귀로 산다
잎이 아니다 잎사귀다
입을 가장한 귀, 햇살의 함성을 듣고
바람을 소화시키며 천년을 산다
귀가 귀하다, 귀가 보배다

거장은 비통함을 떠들지 않는다
언제나 조용한 귀로 새길뿐

배움터는 잎사귀의 정신으로
지혜의 책이 펼쳐지는 곳
배움은 머리가 아니다
가슴으로 나무의 마음을 채록하는 일
거장의 귀를 닮아가는 것이다

하지 夏至

땡볕을 견디던
고구마 순 콩 포기와 참깨, 고춧대
옥수수 군단도 단비 한방에
불사조처럼 일어났다

한 해의 절정, 하지다
햇살 한 줌도 포기할 수 없다
여름, 전쟁은 길고 평화는 짧다
그러나 노장은 죽지 않았다
생명의 최전선 밭고랑을 지키는
우리의 어머니, 나의 장군님이 있다

하지 지나서
여름은 시작된다
이제 다 자란 감자들
실한 주먹들, 올라온다
시골집 마당에는
칸나가 횃불처럼 피었다

일요일 아침

비둘기 한 쌍이
아침을 쪼아먹는 것을 보고
철봉에 매달려 휘휘 몸을 한번 흔들어 보고
첫차를 기다리는 졸린 눈을 보고
공원 벤치에 얼굴을 맞대고 앉아
찬거리를 논하는 할머니를 보고
조용히 들어가
개수대에 쌓인 식기를 설거지하고
가장 먼저 기침하는 애완견 먹이를 채워주고
쓰레기봉투와 분리 수거통을 정리하고
시계를 한번 힐끗 보며 후다닥 씻고 나와 주섬주섬
옷을 걸치고 어제 배달된 시집과 책 두 권을 챙겨
공복과 함께 출근한다
오늘도 시와 한판 하러,

이별 그늘

별빛 아래 서면
언제나 그리운 눈빛 하나
도착할 수 있다면
이 끝에서 저 끝으로

멀어지도록
달리고 달려
검은 눈물의 바다를 건너
다다른 섬 하나

까마득한 언덕 끝
부리를 뽑아버리고
깃털 같은 사랑이
뛰어내린다

한순간도 쉬지 않고
파도는
단단한 푸른 이빨로
이별을 물어뜯는다

마침내

바다로 돌아간 고래들

이별 그늘에 노닐다

목마름의 기억

울컥, 쏟아질 것만 같은
환희를 기다리며
목마름의 목청을 지키는 잡초는

눈물 자국에 뿌리를 내리고
여리고 질긴 손끝으로
사계를 지휘한다

바람의 장단과 구름의 선율과
햇빛의 연주가 빛난다
새들의 합창이 뒤따를 것이다

생명의 동아줄 같은 너
목마름의 기억이 푸르다

일요일 오후

물 빠짐에 주의할 것
기울기와 높이를 잘 맞출 것
예상할 수 있는 것을 예상하지 말 것
슬픔은 각기 다른 방식으로 찾아와 같은 흔적을 남긴다
— 사랑하는 이를 떠나보낼 때
코끼리는 오랫동안 저녁 해를 바라본다

금방 사라지는 농담 같은 일요일 오후
일 좀 해보려고 도서관에 갔다
그게 잘못이었다
책들이 나의 눈을 빼앗고 손과 발을 묶어놓았다
가슴을 누르고 정신을 겨누고 있었다
집요한 졸음 같은 오후의 햇살이
내리쬐고 있었다
섬광이 비밀의 숲을 순간
꿰뚫고 지나갔다

석양의 물 빠짐에 주의할 것
시간의 기울기와 높이를 잘 맞출 것
월요일을 예상하지 말 것
망각의 시간을 즐길 것

첫 비행

아기새 한 마리가
상가 건물 난간에 떨어져 있다

첫 비행은 불시착이다
종이비행기처럼 구겨진 모습으로

어미새는 어디 갔을까

영차 영차, 힘내라 힘
어서 오렴 여기야 여기
박수치듯 지저귀는 소리만 요란하다

어미새 날아간 곳
뚫어져라 바라보는 아기새

나무는 깊고 하늘은 아득해
푸른 멀미 몰려올 듯
잔뜩 웅크린 채

그래

여기가 비상 활주로다
가자

햇살 무덤

빗살무늬 햇살이
소복하다

고요한
정지한 시간의 오목거울

낙엽을 쓸고 떠나는
텅 빈 충만

투명한 얼굴이
적멸의 노래를 부른다

바스락

완벽한 시간

글 한 편을 퇴고하고
책 한 권을 읽으며
커피 한 잔을 마신다

흐린 비 오는 아침
안개의 시간을 즐기는 기분이란
한없는 축복이다
도시 한복판에 있어도
마치 잔잔한 호숫가에 앉아
먼 산을 바라보는 것처럼
적어도 나에게는
그 누구의 그 어떤 시간과도
바꾸고 싶지 않은
완벽한 시간이다

완충된 시간이 스며든다
5월의 푸른 피를 수혈하는 시간

내 몸에 풀빛 전류가 흐른다

시인의 잠

화살나무는 화살이 되지 못하고
붕어빵에는 붕어가 없다
이름 속에는 이름이 없구나

개망초 꺾어와 진혼제를 올리는 자리
지전을 뿌리며 춤을 추자, 얼씨구나
낙락장송 쓰러진 자리
천년 지기 바위에 이끼도 말라가고
세상 어디에도 꽃은 피고 지는데
산은 푸르고 하늘은 높고 바다는 춤추는데
별은 스러져 어디에 잠드는가

농무가 잠들었다, 시인과 함께
조용한 울음도 갈대숲을 맴돌고
가난한 외로움들이
조등이 내걸린 가설무대 앞에서
눈물을 훔쳤다

화살이 되어 가자는
붕어의 눈이 되어 깨어있자는

혼이 잠든 자리
이름은 죽어 서약의 도장이 되고
붕어하여 양식이 되어야 한다
정결한 목숨이 되어야 한다

세상을 들어 올린 이름 하나가
마침내, 지상에서의 이름을 내려놓은 시인의 잠이
나를 깨웠다

반영

 예를 들면, 이런 거다 들판을 달리는 열차에서 바라본 풍경을 생각해보자 모내기를 하기 위해 물을 잡아놓은 논 말이다 그 논두렁과 논두렁이 유유히 물을 끌어안고 있는 거다 그 흙빛 물의 육체에 담긴 하늘과 야산과 버들강아지와 멧비둘기의 울음들 말이다

 논물 가두는 일은 맑고 푸른 하늘이 들어와 박히고 온갖 반짝이는 것들을 모으는 것, 무논의 호수는 별빛을 담는 그릇이 되고 모를 심는다는 것은 하늘을 담은 그릇에 생을 이식하는 작업, 한 포기 한 포기 모를 꽂아 넣을 때 나긋나긋한 햇살과 개구리와 거머리와 익숙한 장딴지가 첨벙대며 생의 낱장을 섞어 휘저으며 한통속이 된다

 모판을 나르는 날은 큰 밥그릇에 양식을 퍼 담는 날, 두레상에 모여 나눔의 밥상을 차리는 날, 구름과 감꽃들 사이로 제비 날아가는 하늘을 담는 날, 한 톨의 소중함을 그리는 날, 노동요의 소망과 설움이 그 물빛과 함께 섞이는 날, 꿈의 반영 같은 것

 그러나 지금은 노랫소리 사라진 논에 엔진소리 요란

타, 그 물빛에 46층 아파트가 거꾸로 박혔다 불나방 같
은 불빛만 가득하다, 자본의 반영 같은 것

실마리

벚꽃이 흐드러져
하나둘 떨어진 자리
겨울 덤불을 헤치고
새싹이 올라오고 있었다

나는 봄의 숨소리와
너무 멀리 있었나 보다
쪼그리고 앉아
고개를 떨구니 비로소
작고 여린 새싹들이 보였다

단단한 시간을 뚫고
실낱같은 생명들이
투명한 연둣빛의 얼굴로
행진을 시작하고 있었다

드문드문 고개를 쳐들고
서로를 향해 손뼉 치며
기지개를 켜고 있는 모습에
눈물이 울컥 쏟아질 뻔했다

희망의 고삐를 놓친 적 없는
새싹 앞에 여름도 가을도 겨울도
그 어떤 사악한 인간의 손길도
무섭지 않은 힘을 보았다

봄의 실마리가 풀리고 순간
풀들이 일어서고 있었다
쉼 없는 생명의 전진
줄기찬 봄의 전쟁을 보았다

방황의 진화

길의 지문과
발의 기록물을 찾아 떠나보자

두 발로 걷는 털 빠진 동물이 나타났다
그들은 길에서 미래를 채집했다
맹수를 사냥하고 동굴로 숨었다
별을 보며 걷고 하늘에 지도를 그렸다

천천히 걷는 사람이 늘 앞서갔다
강을 노래하고 바다를 사색했다
얼음을 파고 어둠을 묻었다
배고픔을 건너다녔다
모래 위에 집을 짓고 태양을 경배했다
누구는 낙타의 혹처럼 진화했고
누구는 소와 말을 부리고
누구는 늑대를 길들였다

사랑의 계절이 탄생하고
우물에서 생명을 길어 올렸다
길은 땅에도 하늘에도 바다에도 있었다

길 위에서 손길을 만들고 눈길을 낳았다
살길을 열고 그 위에 자신을 그렸다
어디서 와서 어디로 가는지
알 수 없는 곳에서 만나
서로를 등지기도 했다

그들은 돌을 다듬어 길을 막고 성을 쌓았다
길은 환희이자 공포였기에
앞길을 알 수 없을 때가 많았다
길은 늘 새벽에서 저녁으로 이어졌지만
걸음은 방황에서 나와서 방향으로 나아갔다
방황이 방향을 틀어 다른 길로 이어졌다

길은 늘 바람의 방향으로 나 있었으며
죽음 너머를 향해 달려갔다
결국 길은 방황의 진화였다
꼬불꼬불 얽히고설키며 막다른 길에서
절망했다

최후가 나타나
죽음 위에 꽃을 뿌리며
길의 지문을 노래했다

발의 기록물은 아직 해독되지 않았다

움

햇살의 혀끝으로
꽃을 새기고 움이 돋는다

기운생동이란 이런 거다
맥동하는 수천수만의 움들

새로움
아름다움
경이로움의 움들
찬란한 싸움의 자리

봄 풍경을
완성하는
푸른 낙관

거처

인생에 거처가
어디 있겠습니까

다 거쳐 가는 거지요

오늘 어쩌다
상가에 조문하고
왔습니다

한잔 걸치고 왔지요

걸어 걸어가다 보면
다시 만날 날 있겠지요

든든

비오는 석탄일 오후
차는 도로에 붐비고
도로는 비에 젖는다

흐린 하늘과 푸른 산이
얇은 이불을 덮고
다양한 체위를 이어가는
길을 따라 공주 가는 길

밤낮으로 물레를 돌리고
베틀에 앉아 질긴 무명
바지저고리 한 벌을 지었다는
시인의 방을 찾아가는 중이다

자주 오고 가던 길
오늘따라 무수히 많은 자비행들
자비를 베풀라고 하신 말씀 따라
질척질척 타이어를 굴리는 행렬
삼보일배처럼 느리고 느리게
오늘이 가든지 말든지

차가 빠지든지 말든지
비가 오든 말든 모를 심듯
든든한 맘으로 가는 길

밤나무골 지나
든든한 물꼬처럼

하얀 나비

아침 산책길
율봉栗峯공원

번데기에서 갓 깨어난
하얀 나비 한 마리
뒤뚱뒤뚱 날고 있었다

상당산성 위로
해는 떠오르고
몇몇은 걷고

노부인은
오랜 병상에서 깨어난 듯
휠체어에 매달려 아장아장
걸음마를 하고 있었다

밤새 술 바다를 유영한
늙은 젊음이 고래고래
상륙하는 율량 물가
밤고개 아래

피라진과 인돌의
하얀 밤꽃 나비
자욱하게 날고 있었다

흐드러지게
여름을 밝히고 있었다

궁금

비 내리는 오후
무심히 앉아 창밖을 보다

불현듯 떠오르는
궁금한 사람
궁금한 얼굴
궁금한 일상
궁금한 뒷모습 있다

주룩주룩
궁금한 것들이 구름 되어
쉬 그치지 않을 듯
내린다

솔숲에 앉아 있을 사람도 궁금하다
꽃을 들여다보던 얼굴도 궁금하다
느닷없는 막걸리 생각에
가을비 같은 쓸쓸한 뒷모습도 궁금해진다

비 오는 오후

가만히 앉아 궁금 속을 걷는다
흐릿한 시간을 가르는 빗속을
가로질러 본다

궁금이 빗줄기 되어 내린다
누군가를 궁리하게 만드는 비
가을비 내린다

알밤

밤새 밤송이 떨어지는 소리에
돌배나무가 귀를 쫑긋 세웠다
살구나무 가지가 파르르 떨렸다
느티나무 그늘이 흔들리고
너구리는 후다닥 오던 길로
내뺐다

세상으로 굴러떨어진 얼굴
단단한 배냇머리 뽀송한 알밤
알 주먹으로 세상을 두드리며
솔숲을 깨우고 있다
단단함이 탄생하는 숲
가짜가 판치는 세상에 알짜가 나타났다

영 글러 먹은 세상 밤톨 같은 사랑
툭툭 영글어 빛나는 알 주먹 빛내야지
밤송이 같은 정신으로
무질서의 알토란을 만나러 가야지
왕밤나무 밑으로 가야지

알밤 주우러 가야지
알밤 한 대 맞아야지

이건 뭐지

고기 구워 먹는 집에서
삼겹살을 구워
소주병을 털어먹고
박차고 나온 적 있었다

어쩌면 환갑을 넘긴
감나무였을 것이다
그 집 마당에 홍시가
빨간 등불을 켜고 있었다

밤의 수묵화에 찍힌 옛날이
바람 빠진 11월의 밤하늘에
떠올랐다

슬그머니 흥취가 돌던 그때
어둠 저편에서 붉은 달이
돌연 감나무를 관통하고
이제 막 뭍에 오른
거북이의 눈물을 받아 먹는다

옥토끼의 충혈된 눈알이
허공에 매달려 발버둥 칠 때
소화불량에 걸린 가로등이 아래
게워진 시곗바늘이 떨고 있었다

| 해설 |

고요히 응시하는 길 위의 산책자

백애송 (시인)

　시를 쓰는 이유는 저마다 다르다. 사라지는 순간을 기억하기 위해서 혹은 불의의 것들에 대한 분노를 참을 수 없어서 등등 각자의 방식으로 시를 쓴다. 이오우 시인이 시를 쓰는 이유는 크고 작은 삶의 흔적들에 대한 사유를 놓치지 않기 위해서이다. 그리고 이러한 생각들을 시를 읽는 독자들과 공유하기 위해서이다. 시인은 누군가를 혹은 어떤 사물을 사랑하는 것, 행복, 인간과 자연, 물질과 정신 등 아름다우면서도 슬픈 삶의 순간들과 함께 하고자 한다. 마주하는 길 위에서 이를 몸소 실천하는 시인은 어제도 오늘도 그리고 내일도 시를 통해, 시의 언어를 통해 마음을 옮겨적고 사유를 풀어낸다.
　시인이 보여주는 삶의 모습과 풍경은 우리 주위에서 볼 수 있는 익숙한 모습들이다. 하지만 이 모습들이 똑같은 풍경으로 펼쳐지지 않고 시인만의 언어를 통해 은유적으로 보여진다. 이러한 시어로 빚어진 이번 시집에서는 보이는 것만이 전부가 아닌 보이지 않는 세상에 대한 내적 성찰과 자연과의 공존 및 정신적 가치의 소중함, 시인의 뿌리를 이루고 있는 삶의 근간을 확인할 수 있다. 한 문장 한 문장, 시의 한 구절 한 구절에 시인의 따뜻하고 섬세함이 배어있기에

이를 읽는 독자들은 자신의 시선이 미처 닿지 못하는 것들을 발견하게 되고 여기에서 또 공감과 위로를 받게 된다.

고요한 응시로 이루어낸 내적 성찰

시인은 자신을 깊이 들여다보고 삶의 본질은 무엇인지, 추구해야 할 진리는 무엇인지 생각한다. 인간은 본디 진리가 무엇인지 그 의미에 대해 끊임없이 고뇌하는 존재이다. 이에 시인은 자신을 들여다보고, 또 내가 존재하는 세계를 들여다보며 적극적으로 탐구하고자 한다. 자신이 삶뿐만 아니라 타인의 삶을 이해하고 내적 성찰을 통해 진리를 찾고자 하는 것이다. 이는 한 개인의 차원을 넘어 타인을 이해하는 광의의 범위로 확장된다.

웃음꽃을 피우며 나무와 대화하자
바람을 껴안고 푸른 하늘을 만지자
그대 앞의 모든 존재를 사랑하자
그리고 흙에서 와서 흙으로 돌아감을 알자

햇살의 마음으로
봄에는 봄을 여름에는 여름을
가을에는 가을을 겨울에는 겨울을 즐기자
음양을 고르게 다스리자

프로크루스테스의 침대에서 벗어나

그대 생일에 시집 한 권을 사자

아름다움의 산사태를 겪어보자

상처를 어루만지며 아픔과 대면하자

풋풋한 생활의 열매를 알아차리자

난 어제도 꿈을 꾸었다 꿈속의 꿈을

난 오늘도 꿈을 꾸리라 꿈 아닌 꿈을

난 내일도 꿈을 꿀 수 있을까 꿈 같은 꿈을

난 꾸리라 삶이란 도원의 꿈

모두가 내가 꾸미는 꿈임을 알리라

빗살무늬토기와 민무늬토기의 숨결과

막사발의 꿈을 꾸리라

― 「행복의 조건」 전문

행복은 멀리 있지 않다. 행복하기 위해 아주 거창한 조건이 있는 것도 아니다. 그런데 대부분의 사람들은 행복하기 위해 갖추어야 하는 것들이 필요하다고 생각한다. 행복에 조건이 달린다면 진정 행복하다고 할 수 있을까. 시인이 생각하는 행복은 역행하지 않고 순리대로 따라가는 것이다. "웃음꽃을 피우며 나무와 대화"하고 "바람을 껴안고 푸른 하늘을 만지"며 눈 앞에 있는 "모든 존재를 사랑하"는 것이다. "그리고 흙에서 와서 흙으로 돌아감"을 잊지 않는 것이다. 흙에서 왔으니 흙으로 돌아간다는 것은 물론 죽음을 뜻하지만, 이때의 죽음은 모든 것이 끝남이 아니라 새로운 생명을 의미한다. 씨앗이라는 생명을 품고 있는 장소가 바로 흙이지 않은가. 흙은 씨앗이 성장하기 위한 발판이 되어 새로운 시작을 맞이할 수 있도록 한다. 그러니 슬퍼하지 말고 "햇살의 마음으로/ 봄에는 봄을 여름에는 여름을/ 가을에는 가을을 겨울에는 겨울을 즐기"면 된다. 그러다 보면 저절로 "음양을 고르게 다스"릴 수 있게 될 것이다.

더불어 시인은 "프로크루스테스의 침대에서 벗어나"자고 말한다. 프로크루스테스는 그리스 신화에 나오는 노상강도로 악당의 전형이다. '프로크루스테스의 침대'는 심리학적 용어로 자신만의 원칙이나 기준을 정해놓고 다른 사람에게 이를 강요하는 것을 이른다. 이를 통해 시인은 자신의 생각이 고정관념에 묶여 있는 것은 아닌지, 내 생각만 진리라고 판단하는 것은 아닌지 스스로 되돌아보아야 함을 깨우치고 있다. 다른 사람에게 피해를 끼치면서까지 자신만의 생각을 강요하는 아집과 독단에 빠져 있는 것은 아닌지 성찰이 필요하다. 시인은 이를 막기 위해 생일에는 선물로 "시집 한 권을 사"는 것은 권한다. 시집을 통해 시어가 이루어낸 "아름다움의 산사태를 겪어보"고 "상처를 어루만지며 아픔과 대면"하다 보면 행복이라는 것이 아주 멀리 있는 것은 아니라는 것을 발견하게 될 것이다. 시집으로 상처를 치유하는 시인은 어제도, 오늘도 그리고 내일도 꿈을 꿀 것이다. "풋풋한 생활의 열매"로 빚은 "삶이란 도원의 꿈"을 말이다. 꿈은 일상에서 마주하는 작고 소박한 것들로부터 모두 자신이 만드는 것이다. 행복은 "내가 꾸미는" 이 작고 소박한 일상으로부터 비롯되는 된다는 것을 기억하자.

한 송이
함성으로 왔다
한 떨기
비명으로 가는
꽃은 시들어 詩 들어
마침내, 씨 들다

구름 따라 피는
한 송이 꽃처럼
가슴에 꽂히는
한 떨기 눈물 같은 시를
뜨거운 울음을

그대 가슴에
새기고 싶다
— 「꽃의 비명」 전문

시인은 길 위에 피어 있는 꽃 한 송이도 그냥 지나치지 않는다. 꽃을 자세히 들여다보고, 꽃이 피었다 지는 꽃의 일생이 인간의 생애와 닮았다는 것을 발견한다. 씨앗이 물과 온도 등 적절한 환경을 만나 발아가 되면 뿌리가 먼저 흙 속으로 뻗는다. 땅 밑으로 뿌리가 먼저 뻗어나간 그 후에 위로 줄기가 자라기 시작하고, 광합성을 통해 필요한 에너지를 얻어 꽃을 피운다. 이 꽃의 꽃가루가 바람이나 나비, 벌, 새 등에 의해 다른 꽃의 암술에 옮겨져 수정이 이루어지면 수

정된 꽃은 열매라는 결실을 맺는다.

　여기 시인의 눈에 들어온 한 송이 꽃이 있다. 꽃은 "한 송이/ 함성으로 왔다/ 한 떨기/ 비명으로" 간다. 위와 같이 어려운 시간들을 이겨내고 겨우 피워낸 한 송이 꽃. 피어 있는 순간은 잠깐이었다가 고개를 떨구고 절명하고 만다. 하지만 꽃은 꽃송이가 꺾였다고 생을 다하는 것이 아니다. 꽃은 시들어가지만 다음 세대를 위해 '씨'를 마련해 놓기 때문이다. 또한 시들어가고 있는 꽃을 지켜보다 이 안에 "詩 들어"있다는 것을 발견한 시인이 있기 때문이다. 시인은 시들어가는 꽃에서 詩의 씨앗을 발견하였고, 마침내 꽃은 시인이 조탁한 언어에 의해 詩로 변모하였다.

　꽃이 '씨'를 만들어놓았다면, 시인은 "한 떨기 눈물 같은 시를" 남기고자 한다. 이는 시인이라면 누구나 바라는 일일 것이다. 다음 세대에도 널리 읽힐 수 있는 "가슴에 꽂히"고 "뜨거운 울음"을 꿈꾸는 시 한 편 말이다. "그대 가슴에" 이러한 뜨거운 시 한 편 새길 수 있다면 행복한 비명일 것이다.

　언제 다시 올지 모르는 날
　그러나 다시 오지 않을 날
　그런 날, 꼭 잡아요

　날 잡아요
　오늘을 잡아요
　오늘과 살아요

사랑하기에도 짧은 날
꽃보다 짧은 인연
다시 오지 않을 날
―「오늘」 전문

위의 시는 순간의 소중함에 대해 일러준다. 시간은 한번 지나가면 되돌릴 수도 없고 붙잡을 수도 없다. 오늘은 현재 이 순간을 경험하는 유일한 시간이다. 이 시간이 지나버리면 우리는 '오늘'을 다시 경험할 수 없게 된다. 하지만 매일 똑같이 반복되는 하루라고 생각하고 오늘이 중요하다는 것을 잊고 지내는 경우가 많다. 이에 시인은 '오늘'을 꼭 잡으라고 말한다. 오늘은 "언제 다시 올지 모르는 날"이면서 동시에 "다시 오지 않을 날"이다. 시인은 그런 날을 꼭 잡으라고 한다. 오늘을 잡아서 오늘과 살라고 말이다. 오늘은 사랑하는 누군가를 종일 "사랑하기에도 짧"고, "꽃보다 짧은 인연"이기에 "다시 오지 않을 날"이다. 실제 오늘은 꽃이 피고 지는 시간보다도 짧다. 내가 포기한 오늘이 누군가에게는 아주 귀한 시간이 될 수도 있다. 오늘을 충분히 살아내지 못한 채 뜻대로 되지 않는다고 절망할 것이 아니라 주어진 오늘에 대해 최선을 다하고 현재의 순간에 충실해야 함을 잊지 말아야 할 것이다. 과거는 이미 지나갔고, 미래는 아직 오지 않았다. 지금 이 순간을 후회하지 않도록 오늘에 최선을 다해야 한다.

자연과의 공존

자연을 들여다보는 사람들은 맑고 순수한 마음을 가지고 있다. 자연을 벗삼고자 하는 마음에는 불온함이 존재하지 않는다. 있는 그대로의 자연을 바라보고 이에 동화하며 자연 앞에서 겸손함을 익힌다. 이에 시인은 자연을 거스르지 않고 그들만의 질서를 존중하고자 한다. 대자연 앞에 인간은 한낱 미물에 불과하다. 자연과 인간은 각각 존재하는 것이 아니라 서로 연결되어 있어 하나의 종이 사라지면 다른 종들의 생명도 위태로워진다. 자연의 경이로운 질서를 통해 삶의 질서 또한 회복하고자 한다. 다음의 시에서는 자연에서 왔다 다시 자연으로 돌아가는 인간의 삶에 대해 이야기하고 있다.

인생에 거처가
어디 있겠습니까

다 거쳐 가는 거지요

오늘 어쩌다
상가에 조문하고
왔습니다

한잔 걸치고 왔지요

걸어 걸어가다 보면

다시 만날 날 있겠지요
―「거처」 전문

　이승에 居處하였던 누군가가 운명을 달리하였고, 이에 시인은 "상가에 조문 하고" 왔다. 이를 통해 시인은 "인생에 거처가/ 어디 있겠"는가 라고 물으며, 이 세상은 "다 거쳐 가는" 것이라는 한 깨달음을 전해준다. 이 시에서 '거처'는 두 가지의 의미를 함의하고 있다. 하나는 '居處'로 일정하게 거주하는 공간인 집이나 주거지의 의미이다. 이 거처가 있음으로 인하여 쉼을 얻고 마음의 평안을 누린다. 다른 하나는 '去處'로 이미 갔거나 미래에 가야 할 곳으로 우리가 미래에 당도하는 곳이다. 그렇다면 우리가 당도해야 하는 삶의 궁극적인 거처는 어디일까. 아마도 자연일 것이다. 만물은 자연에서 태어나 자연 속에서 성장하며 머물다가 다시 자연으로 돌아간다. 인간 역시 자연의 일부로서 죽음을 통해 다시 자연으로 돌아가는 것이다.
　세상은 "다 거쳐 가는" 것이기에 이처럼 결국은 순환하여 "걸어 걸어가다 보면" 또 언젠가 "다시 만날 날"이 올 것이다. 시인은 "거처 가는" 인생이지만, 이왕이면 이승에 居處하는 동안은 누군가에게 안온함을 줄 수 있는 거처가 되기를 바란다. 삶은 사전에 정해진 길이 있는 것이 아니라 개인이 만들어 나가는 것이다. 개인이 만들어 가는 삶의 거처에는 많은 것들이 필요하지는 않다. 힘들 때 위로 받을 수 있고, 잠시 쉬어갈 수 있는 곳 그리고 누군가에게 내 자신이 위로가 되고 힘이 되어줄 수 있는 곳이면 충분할 것이다.

　햇살의 혀끝으로

꽃을 새기고 움이 돋는다

기운생동이란 이런 거다
맥동하는 수천수만의 움들

새로움
아름다움
경이로움의 움들
찬란한 싸움의 자리

봄 풍경을
완성하는
푸른 낙관
—「움」전문

 위의 시는 선명한 이미지를 통해 자연의 일부를 시의 언어로 그대로 옮겨놓았다. 일상에 묻혀 미처 발견하지 못하였던 자연의 한 장면을 시인은 놓치지 않는다. 봄이 선사하는 감각적인 이미지를 통해 독자로 하여금 더 깊이 공감하도록 한다. 봄날 "햇살의 혀끝"을 통해 움이 돋아나고 있다. 이보다 더 "기운생동"하는 표현이 있을까. 실제 움이 돋는 것도 기운생동하지만, 비유적인 표현 또한 기운생동한다. 새롭고 아름다우며 경이로운 움들이 "찬란한 싸움"을 한 그 자리 "봄 풍경을／ 완성하는／ 푸른 낙관"이 있다. 여기에서 싸움은 상대방을 서로 헐뜯고 비방하는 싸움이 아니라, 봄의 햇살 아래 여기저기에서 서로 다투며 돋아나는 움의 모습을 연상시킨다. 자연은 누가 시키지 않아도 스스로 서로 함께 상생하고자 한다. 자연이 선사하는 생동감 있는 봄 풍경의 한 장면이다.

정신적 가치의 소중함

내면의 탐구를 통한 내적 성찰이 도달한 곳은 물질이 아닌 정신이다. 이오우 시인의 시를 들여다보면 물질적 소유보다 비물질적 가치를 더 중요하게 여기는 시인의 정신을 발견할 수 있다. 살아가다 보면 물질적으로 욕망하고자 하는 것들이 늘 유혹하기 마련이다. 하지만 시인은 이에 굴하지 않고 자신만의 정도의 길을 걷는다. 물론 물질이 주는 순기능도 있지만 내적인 평온함에서 진정한 행복이 나온다는 것을, 눈에 보이지 않는 것들이 더 중요한 삶의 가치를 이룬다는 것을 시인은 아는 것이다. 다음의 시는 자연 속에서 물질에 의해 즉, 자본주의에 의해 변화해가고 있는 삶의 한 단면을 보여주고 있다.

논물 가두는 일은 맑고 푸른 하늘이 들어와 박히고 온갖 반짝이는 것들을 모으는 것, 무논의 호수는 별빛을 담는 그릇이 되고 모를 심는다는 것은 하늘을 담은 그릇에 생을 이식하는 작업, 한 포기 한 포기 모를 꽂아 넣을 때 나긋나긋한 햇살과 개구리와 거머리와 익숙한 장딴지가 첨벙대며 생의 낱장을 섞어 휘저으며 한통속이 된다

모판을 나르는 날은 큰 밥그릇에 양식을 퍼 담는 날, 두레상에 모여 나눔의 밥상을 차리는 날, 구름과 감꽃들 사이로 제비 날아가는 하늘을 담는 날, 한 톨의 소중함을 그리는 날, 노동요의 소망과 설움이 그 물빛과 함께 섞이는 날, 꿈의 반영 같은 것

　　그러나 지금은 노랫소리 사라진 논에 엔진소리 요란타, 그 물빛에 46층 아파트가 거꾸로 박혔다 불나방 같은 불빛만 가득하다, 자본의 반영 같은 것
　　　─「반영」 부분

　　과거 우리나라는 공동체를 중요시하고 정신을 더 중요하게 생각하였다. 물질적으로 점점 발전하는 현대사회에서는 지극히 개인주의적이고 자본주의적인 성향이 만연하고 있다. 이에 시인은 '반영'에 들어 있는 의미를 종합하여 현 상황에 대해 보여주고자 한다. 이 시에서 '반영'은 여러 가지의 의미를 내포하고 있다. 첫 번째 반영은 논물 속 비치는 풍경의 반영이다. "모내기를 하기 위해 물을 잡아 놓은 논"에 담긴 "흙빛 물의 육체에 담긴 하늘과 야산과 버들강아지와 멧비둘기의 울음들"이다. 논에 물을 "가두는 일은 맑고 푸른 하늘이 들어와 박히고 온갖 반짝이는 것들을 모으는 것"이다. "무논의 호수는 별빛을 담는 그릇이 되고 모를 심는다는 것은 하늘을 담은 그릇에 생을 이식하는" 숭고한 작업이다. 두 번째 반영은 3연의 "꿈의 반영"이다. "모판을 나르는 날은 큰 밥그릇에 양식을 퍼 담는 날"로 서로 "나눔의 밥상을 차리는 날"이다. 하늘도 담고 쌀 "한 톨의 소중함을 그리는 날"로, "노동요의 소망과 설움이 그 물빛과 함께 섞

이는 날"이다. 한 해 곡식이 잘 여물기를 소망하는 마음을 한데 반영하는 것이다. 마지막 세 번째 반영은 4연에 있는 자본의 반영이다. 지금 논에는 노동요 대신 "엔진소리"만 요란하다. 하늘과 산과 같은 자연을 담았던 논물에는 "36층 아파트가 거꾸로" 박혀있고, "불나방 같은 불빛만 가득하다."

시인은 이와 같이 '반영'이라는 하나의 단어에 충만한 의미를 부여한다. 논물 속 비치는 풍경의 반영이자 꿈의 반영, 자본의 반영을 종합적으로 보여준다. 과거의 공동체적 삶의 의미는 사라지고, 현대 사회는 자본 그리고 그에 대한 욕망이 가득하다. 시인은 논물에 반영되어 보였던 맑고 순수한 정신적 가치 대신 고층 아파트의 화려한 불빛만 자리하는 현재의 상황을 첨예하게 인식하고자 한다. 이를 통해 자본에 물들어가고 있는 현대인들의 삶을 재조명하고 물질적 기능보다 정신적 가치가 더 소중함을 일깨우고자 한다. 정신적 가치를 아는 사람은 물질적 소유에 연연해하지 않는다. 물질이 행복을 가져다주지 않는다는 것을 아는 것이다. 자본이라는 논리에 갇혀 편리함에 길들여진 현대인에게 불편함은 이제 용납하기 어려운 악이 되어버렸다.

　탐욕이 자본이라는 괴물을 낳아 기르고 있다
　욕망이 무너지는 날 돈은 얼마나 자유로울까
　저희끼리 돌고 돌며 행복한 웃음을 뿌리며
　달동네 꽃동네를 마음껏 돌아다니지 않을까

　그제는 고향 친구의 부친상에 조문하고 발인을 보았다

리무진 영구차, 대리운전으로 먼 길 떠나셨다
―「대리운전」부분

  평화는 과거에도 그리고 현재에도 여전히 중요한 화두로 남아 있다. 현대사회에서 개인의 평화는 무엇을 의미할까. 물질주의 즉 자본이 평화를 대신할 수 있을까. "1차 2차 세계대전 이후" 우리는 "평화를 부르짖게" 되었다. "세계는 참혹한 전쟁을 통해 평화를 낳았"지만 "평화는 정작 승전국의 전리품에 불과"할 뿐, "자본의 평화", "민주의 평화는 더욱 우울"해지고 있는 실정이다. 시 속에 등장하는 '젊은 사내'에게도 평화는 다름 아닌 '돈'이다. 여유가 없는 삶이 안타까워 보이는 것은 단지 시인의 마음일 뿐, 사나에게 돈은 많으면 많을수록 좋은 것이다.

  현대사회는 "탐욕이 자본이라는 괴물을 낳아 기르고 있다" "욕망이 무너지는 날" 우리는 돈으로부터 자유로울 수 있을까. 인간이 죽고 나면 돈도 무용지물이라는 것을 청년을 언제쯤 알게 될까. 아무리 물질이 좋다고 하지만 죽음의 순간이 오면 모든 것이 소용없어진다. 심지어 우리는 삶의 마지막 순간에도, 나의 의지와 상관없이 타인이 대리로 운전해주는 타인의 손에 의해 삶을 마무리한다. 살아있는 동안 아무리 물질을 쫓는다고 하더라도 결국 돌아갈 때는 빈손이다. 이 시에서 역시 경쟁을 강요하고 개인을 중요시하는 물질주의에 대해 시인은 경각심을 갖어야 한다고 말한다.

시인의 내면을 지탱하는 힘

시인의 뿌리인 어머니는 "파스 없인 못"(「파시 즘」) 사는 분으로 "한 해의 절정, 하지"에도 "생명의 최전선 밭고랑을 지키는" 아직 "노장은 죽지 않앗"(「하지夏至」)다는 것을 몸소 실천하시는 분이시다. 시인의 나이가 오십이 넘었으니 시인의 어머니는 고희 즈음일 것이라 생각된다. 세상의 모든 어머니들이 그러한 것처럼 시인의 어머니도 자신보다는 가족을 위해 헌신하신 분이시다. 평생을 밭에서 살았으니 몸이 말을 듣지 않는 것은 어쩌면 당연한 일이다. 시인이 어렸을 적 바라보았던 어머니의 모습과 오십이 넘어 바라보는 어머니의 모습은 다를 수밖에 없다. 무엇이든 거뜬히 해내던, 언제까지나 나를 지켜줄 것만 같았던 어머니의 모습이 어느새 파스 없으면 못 사는 모습으로 쇠잔하였다. 이를 바라보는 시인의 마음이 오죽하겠는가. 시인은 이러한 마음을 겉으로 내색하지 않고 담담하게, 슬프지만 슬프지 않게 이야기한다. 여기에서는 시인의 근간이자 뿌리가 되는 어머니에 관련된 시편을 살펴보기로 하겠다.

우리 어머니, 파스 없인 못 살아
거 있잖냐, 올 때 시내, 약국에서 파시 즘 사오너라
시원찮은 거 말고 차악 달라붙고 오래가는 거로
너무 비싼 거 말고 알지, 뭐 말하는지

알다 뿐인가, 파시가 아니라 파스라는 놈
장이 파하듯 몸도 파한 것이죠

파스 좀이 아니라 파시 즘 사오라고 일러 붙이고
어머니는 다시 밭고랑에 모종 심으러 갔을 것이다

어머니에게 파스는 파시다
파시즘보다 더 강력한 파스의 힘이
어머니 허리와 무릎을 지탱한 지 오래다

어쩌면, 우리는 서로에게 차악 달라붙어
오래오래, 쑤시는 곳을 더 쑤시게 하는 파시즘일지 몰라
어쩌면, 우리는 파시즘의 위약 효과에 빠져
절뚝거리며 살아가는 헐거운 정신일지도 몰라

―「파시 즘」 전문

    파시즘은 민족주의, 국가주의, 전체주의, 권위주의의 성향의 운동으로 평등한 사회가 이루어질 수 없다고 보는 것이다. 이 시는 이런 '파시즘'에 기대어 어머니의 '파스'에 대해 이야기한다. "장이 파하듯 몸도 파한" 어머니의 모습을 재미있게 묘사하면서 동시에 애잔함도 보여준다. 시인이 집에 올 때면 "파스 없인 못" 사는 어머니는 "거 있잖냐, 올 때 시내, 약국에서 파시 즘 사오너라/ 시원찮은 거 말고 차악 달라붙고 오래가는 거로" 주문을 하신다. 시인인 아들이 어련히 사 가지고 갈 텐데 뒤에 한 마디 덧붙이신다. "너무 비싼 거 말고 알지"라고 말이다. 자식위해 쓰는 돈은 아깝지 않지만, 자식의 주머니 돈을 쓰는 것은 마음이 편치 않은 어머니에게 "파스는 파시다", "파시즘보다 더 강력한 파스의 힘이/ 어머니 허리와 무릎을 지탱한

지 오래"이다. 파스를 붙이면서까지 "다시 밭고랑에 모종 심으러 갔을" 어머니의 삶을 감히 누가 뭐라고 할 수 있겠는가. 어쩌면 시인과 어머니는 "서로에게 차악 달라붙어/ 오래오래, 쑤시는 곳을 더 쑤시게 하는 파시즘일지" 모른다. "파시즘의 위약 효과에 빠져/ 절뚝거리며 살아가는 헐거운 정신일지도" 모른다.

어머니
게장 담그셨네

꽃게 아드득
짭짤한 게장에
밥 한 공기 뚝딱
먹어 치웠네

어버이날
난, 꽃게처럼
딱 그 모양으로
세상에서 가장 짜고
딱딱한 삶을 씹었네

쪽쪽 쭉쭉 빨아먹고
냅다 뱉어버린 것들
개밥 그릇에 담겼네

나는 어머니를
맛나게 먹어 치웠네
—「꽃게」 전문

어머니는 좋은 일이 있어도, 궂은 일이 있어도 아들 생각을 제일 먼저 한다. 맛있는 음식 앞에서도 자식을 먼저 생각하는 것이 어머니의 마음인 것이다. 시의 배경으로 미루어보아 어버이날 시인은 어머니를 찾아갔다. 어머니는 아들이 올 것을 미리 알고 게장을 담그셨고, 아들은 "짭짤한 게장에/ 밥 한 공기 뚝뚝/ 먹어 치웠"다. "어버이날" 시인은 "꽃게처럼/ 딱 그 모양으로/ 세상에서 가장 짜고/ 딱딱한 삶을 씹었"다. 아직까지도 어머니의 희생을 먹고 사는 시인은 "어머니를/ 맛나게 먹어 치웠네"라고 표현한다. 실제 어머니를 먹어 치웠다는 것이 아니라, 아직까지도 어머니의 삶을 갉아먹고 있음을 내포하는 표현이다. 육십이 되어도, 칠십이 되어도 부모에게 자식은 물가에 내놓은 마냥 어린아이인 것이다. 과거에는 밥이 곧 보약이었고 삶이 원동력이었다. 어머니의 입장에서는 자식이 하루 세 끼 꼬박 잘 챙겨 먹는 것이 가장 으뜸이다. 이를 생각한다면 시인의 어머니 역시 나의 자식에게 먹이기 위해 한 끼라도 더 정성스럽게 밥상을 차려주고 싶었을 것이다.

삶이라는 길 위를 서성이는 이오우 시인은 자신이 발견한 것들을 다른 사람들과 나누고자 한다. 생이란 "어떤 악조건에서도/ 뿌리를/ 뻗는"(「아카시아꽃」) 법이고, "미래를 모르는 한/ 인생은 어차피 방황/ 잠깐의 여행길"(「4인칭 시점」)이다. 그럼에도 불구하고 인생이라는 이 여행길이 외롭고 쓸쓸하지 않으려면 지나온 시간을 기억하고 보이지 않는 것들을 들여다보며 발견하려고 노력해야 한다. 기억하고 발견하려는 것은 삶의 의미를 더 충만하게 한다. 이에 이오우 시인은 삶을 조용히 응시하고 내적 성찰을 통해 자신이 먼저 발견한 삶의 진리를 보여주고자 한다. 나 혼자 가는 먼 길이 아니라 자연과 함께 가는 공존의 길을 택함으로써 과거에도, 현재에도 그리고 미래에도 지속 가능한 삶을 꿈꾼다. 지속가능한 삶 속에는 물질보다는 정신적 가치의 소중함과 시인의 근간을 이루는 뿌리도 포함된다. 시인이 먼저 몸소 체득하여 보듬고자 하는 길 위의 삶에서 얻은 진리는 시집 곳곳에서 각고의 노력 끝에 빚어낸 언어로 발휘되어 있다. 시인의 길 위의 산책은 지금 이 순간에도 계속되고 있다.